ORDONNANCE DU ROI,

Portant suppression des trois Régimens créés le 18 août 1772, pour la garde des Isles de France & de Bourbon; & leur incorporation en un seul Régiment de quatre bataillons.

Du 21 Janvier 1775.

DE PAR LE ROI.

SA MAJESTÉ s'étant fait rendre compte de la situation des Régimens de l'Isle de France, de l'Isle de Bourbon & du Port-Louis, créés par Ordonnance du 18 août 1772 : Et ayant reconnu qu'un seul État-major seroit plus utile à son service, a résolu de réformer ces trois Régimens pour en créer un seul de quatre bataillons, SA MAJESTÉ a ordonné & ordonne ce qui suit :

A

Article Premier.

Suppreſſion des trois Régimens, & création d'un Régiment de quatre Bataillons.

LES régimens de l'Iſle de France, de l'Iſle de Bourbon & du Port-Louis, formant ſix bataillons, feron: ſupprimés pour former un Régiment compoſé de quatre bataillons, ſous la dénomination du *Régiment de l'Iſle de France.*

2.

Compoſition des Bataillons ; création d'un Chef de bataillon ; création de Compagnies de Chaſſeurs.

CHAQUE bataillon ſera commandé par un Chef de bataillon, & ſera compoſé de dix compagnies, dont une de Grenadiers, une de Chaſſeurs & huit de Fuſiliers.

3.

Compoſition des Compagnies de Grenadiers & Chaſſeurs.

Création de Sous-lieutenans.

CHACUNE des compagnies de Grenadiers & Chaſſeurs, ſoit en temps de paix, ſoit en temps de guerre, ſera commandée par un Capitaine, un Lieutenant & un Sous-lieutenant ; & compoſée d'un Fourrier, deux Sergens, quatre Caporaux, quatre Appointés, quarante Grenadiers ou Chaſſeurs, & d'un Tambour.

Diviſion deſdites Compagnies de Grenadiers & Chaſſeurs, par Eſcouades.

Les quatre Caporaux, les quatre Appointés & les quarante Grenadiers ou Chaſſeurs, feront diſtribués en quatre eſcouades de douze hommes chacune, dont un Caporal & un Appointé ; la première & la troiſième de ces eſcouades formeront la première diviſion, à laquelle ſera attaché le premier Sergent ; la ſeconde & la quatrième eſcouade formeront la ſeconde diviſion, à laquelle ſera attaché le ſecond Sergent ; la première diviſion ſera ſubordonnée au Lieutenant, & la ſeconde au Sous-lieutenant : ces deux Officiers en rendront compte tous les jours au Capitaine qui en répondra au Chef de bataillon, le Chef de bataillon au Major, & le Major au Colonel, ou en ſon abſence au Lieutenant-colonel.

3

4.

L'INTENTION de Sa Majefté eft que les Grenadiers & Chaffeurs qui viendront à manquer, foient remplacés fur le champ par les compagnies de Fufiliers indiftinctement, où il fe trouvera les Soldats les plus propres à ce fervice ; les Grenadiers feront choifis comme il eft d'ufage , & les Chaffeurs, parmi les Soldats d'une bonne réputation, les plus ingambes, le plus en état de marcher, fans avoir aucun égard à la taille.

5.

LES Colonel, Lieutenant-colonel & Chef de bataillon, n'auront point de compagnie.

6.

CHACUNE des compagnies de Fufiliers, fera en tout temps commandée par un Capitaine, un Lieutenant, un Sous-lieutenant; & fera compofée en temps de paix d'un Fourrier, quatre Sergens, huit Caporaux, huit Appointés, cinquante-fix Fufiliers, & de deux Tambours.

Les huit Caporaux, les huit Appointés & les cinquante-fix Fufiliers formeront huit efcouades de neuf hommes chacune, y compris un Caporal & un Appointé : la première & la cinquième efcouade formeront une première fubdivifion, à laquelle fera attaché le premier Sergent; la feconde & la fixième efcouade formeront la feconde fubdivifion, à laquelle fera attaché le fecond Sergent; la troifième & la feptième efcouade formeront la troifième fubdivifion, à laquelle fera attaché le troifième Sergent; la quatrième & la huitième efcouade formeront la quatrième fubdivifion, à laquelle fera attaché le quatrième Sergent.

Les première & troifième fubdivifions formeront la

4

première divifion qui fera fubordonnée au Lieutenant, & les deuxième & quatrième fubdivifions formeront la feconde divifion que commandera le Sous-lieutenant : ces deux Officiers en rendront compte tous les jours au Capitaine, qui en répondra au Chef de bataillon, le Chef de bataillon au Major, & celui-ci au Colonel, ou en fon abfence, au Lieutenant-colonel.

7.

L'INTENTION de Sa Majefté étant de ne plus augmenter à l'avenir le nombre des Troupes fédentaires aux îles de France & de Bourbon, par la création de nouveaux Régimens ou de nouvelles Compagnies, dont l'expérience a démontré le mauvais ufage ; & ayant réfolu de ne faire ces augmentations que par un nombre d'hommes réglé dans chaque efcouade, fans augmentation d'Officiers ou bas Officiers, Elle veut & entend que les compagnies de Fufiliers confervent, dans tous les temps, le nombre d'Officiers & de bas Officiers fixés par l'article 6 de la préfente Ordonnance, & Elle fe réferve d'envoyer, lorfque les circonftances l'exigeront, le nombre d'hommes dont Elle jugera à propos d'augmenter les efcouades de chaque compagnie, laquelle pourra être portée jufqu'à cent trois hommes.

8.

L'ÉTAT-MAJOR dudit Régiment, fera compofé d'un Colonel, d'un Lieutenant-colonel, d'un Major qui continuera de commander en troifième le Régiment, d'un Chef de bataillon par bataillon, d'un Aide-major, d'un Sous-aide-major auffi par bataillon, de deux Porte-drapeaux par bataillon, d'un Tambour-major, d'un Aide-tambour-major.

5

9.

SA MAJESTÉ confidérant que le bien de fon fervice exige que les charges de Lieutenant-colonel & de Major, foient remplies par les Officiers les plus diftingués, tant par leurs fervices que par leurs talens, Elle a réfolu de s'en réferver la nomination, & de choifir à l'avenir les fujets qui devront les remplacer, parmi les Chefs de bataillon & Capitaines des régimens de France & des Colonies indiftinctement, qu'Elle jugera devoir mériter cet avancement.

10.

LES Chefs de bataillon parviendront à ce grade par leur ancienneté de fervices, & ce fera à l'avenir le plus ancien Capitaine de Grenadiers du Régiment qui fera pourvu de cet emploi quand il viendra à vaquer: Les Chefs de bataillon auront rang de Major, commanderont & auront la police de leur Bataillon, mais feront toujours fubordonnés au Major du Régiment.

11.

LE plus ancien Capitaine de Fufiliers du Régiment, montera à la Compagnie de Grenadiers quand elle viendra à vaquer.

12.

LES Compagnies de Chaffeurs feront données aux Capitaines de Fufiliers, qui feront jugés par le Commandant général & par le Colonel, les plus capables de les bien commander, fans avoir égard à l'ancienneté.

13.

LES Compagnies de Fufiliers qui viendront à vaquer, feront données alternativement au premier Lieutenant du Régiment & à un Officier tiré des troupes de France,

A iij

dont Sa Majesté se réserve la nomination, & ainsi successivement.

14.

LORSQU'IL vaquera une Aide-majorité, le Colonel proposera le sujet qu'il croira le plus capable de remplir cette place, & le choisira parmi les Capitaines, les Sous-aides-majors & les Lieutenans.

15.

LORSQU'IL vaquera une Sous-aide-majorité, le Colonel procurera également le sujet qu'il croira le plus capable, & choisira parmi les Lieutenans & Sous-lieutenans: Le Sous-aide-major aura rang de Lieutenant du jour de sa réception ou brevet; & en conséquence, il commandera à tous les Sous-lieutenans & à tous les Lieutenans moins anciens que lui.

16.

LES Porte-drapeaux seront à l'avenir tirés du Corps des Fourriers & Sergens, auront rang de derniers Sous-lieutenans, & seront tenus de porter les drapeaux à pied dans tous les temps.

17.

L'INTENTION de Sa Majesté est qu'à l'avenir le Commandant général desdites Isles, ou en son absence, celui qui le représentera, inspecte ledit Régiment, d'après les instructions qui lui seront adressées pour en faire la revue, révoquant à cet effet les ordres qui avoient été donnés précédemment pour inspecter les trois Régimens.

18.

SA MAJESTÉ considérant l'éloignement des îles de France & de Bourbon, autorise le Commandant général, ou en son absence, celui qui le représente, de pourvoir

7

provifoirement aux places de Chefs de bataillon, Capitaines de Grenadiers, Capitaines de Chaffeurs, Aides-major, Sous-aides-major, Lieutenans & Porte-drapeaux, qui par la fuite viendront à vaquer; ces places devant être remplies, ou par ordre d'ancienneté, ou conformément à la propofition du Colonel, ainfi qu'il eft expliqué dans les articles 10, 11, 12, 13, 14, 15 & 16 de la préfente Ordonnance : Le Commandant général donnera une commiffion provifoire auxdits Officiers, en vertu de laquelle ils feront reçus dans leur nouveau grade; & il en inftruira le Secrétaire d'État ayant le département de la Marine, pour leur faire expédier d'autres commiffions de Sa Majefté.

Quant aux Compagnies de Fufiliers & Sous-lieutenances qui viendront à vaquer, Sa Majefté fe réferve d'y pourvoir, fur l'avis qui en fera donné par le Commandant général & le Colonel du Régiment, au Secrétaire d'État ayant le département de la Marine : Le Commandant général & le Colonel défigneront les Lieutenans qui doivent monter, par leur ancienneté, aux Compagnies, & joindront à leur avis une note de leurs talens, application & conduite.

19.

LE Major fera feul chargé d'ordonner, fous l'autorité du Colonel & du Lieutenant-colonel, les menues réparations, dont il confiera le foin, dans chaque Bataillon, aux Aides-major & Sous-aides-major, qui feront tenus de lui en rendre compte; il fera chargé de plus de l'adminiftration des deniers du Régiment, & pour n'être pas diftrait de fes fonctions, il pourra choifir un Officier auquel il confiera l'adminiftration de la Caiffe & toute la régie du détail fous fon autorité: Cet Officier, dont le nom fera porté fur l'état de revue comme chargé du détail,

A iiij

recevra fix cents livres par an en fus des appointemens de fon grade; & néanmoins le Major répondra toujours de la Caiffe, & fera tenu de figner & certifier tous les mouvemens du contrôle du Régiment, & de les envoyer au Secrétaire d'État ayant le département de la Marine.

2 O.

Établiffement d'une Caiffe à trois ferrures.

TOUT l'argent de la folde ou de toute autre partie, qui appartiendra au Régiment, fera remis tous les mois au Major, pour être enfermé dans une caiffe, à laquelle il y aura trois ferrures, dont le Colonel aura une clef, le Major, une autre; & l'Officier chargé du détail, la troifième. En l'abfence du Colonel, la clef, dont il doit être dépofitaire, demeurera entre les mains du Lieutenant-colonel, & en fon abfence, dans celle du Chef de bataillon commandant le régiment. En l'abfence du Major, fa clef fera remife à un autre Major, de manière que, dans tous les cas, la caiffe ne puiffe s'ouvrir qu'en préfence

Adminiftration de la Caiffe.

de trois perfonnes. Il y aura toujours, dans la caiffe, un état des fonds qui y feront mis, & un état de ceux qui en feront tirés, avec les caufes de recettes & dépenfes. Ces états feront fignés par le Commandant du Corps, par le Major & l'Officier chargé de la caiffe; il en fera remis un tous les mois aux Commandant & Intendant des Ifles.

2 1.

Choix des bas Officiers.

LE Colonel nommera aux places de Fourrier & de Sergent, qui viendront à vaquer; il choifira les Fourriers parmi tous les Sergens, & les Sergens parmi tous les Caporaux. Les Capitaines des Grenadiers, Chaffeurs & Fufiliers, propoferont au Colonel, les Caporaux qu'ils choifiront parmi les Appointés & Soldats de leurs compagnies. Quant aux places d'Appointés, elles feront données à l'ancienneté.

22.

LE terme des engagemens sera fixé à huit ans. Les Soldats, qui monteront aux hautes-payes, ne seront pas tenus de servir trois ans au-delà du terme de leur engagement, & le congé absolu sera donné régulièrement aux Soldats dont l'engagement sera expiré.

Terme des Engagemens fixé à huit ans.

23.

TOUS bas Officier ou Soldat, qui voudra renouveler un second engagement, recevra, à son choix, cent vingt livres comptant, ou un sou de haute-paye par jour pendant les huit ans de son second engagement; dans les deux cas, il portera pour marque distinctive de son service, sur le bras gauche, un chevron d'un ruban de laine bleue, comme il est établi dans l'Infanterie Françoise.

Récompense pour les Soldats qui auront contracté un second engagement.

Les Soldats, qui auront renouvelé ce second engagement, & qui, après avoir servi seize ans dans le Régiment, ou ci-devant dans les Troupes de la Colonie ou au-delà, se trouveront absolument hors d'état par des infirmités ou blessures, de continuer leurs services, ce qui sera constaté par le Commandant général lors de sa revue d'inspection, jouiront chez eux de la moitié de la solde du grade dans lequel ils auront servi huit ans, ou seront placés dans la compagnie des Invalides de l'Isle de France.

24.

TOUS bas Officier ou Soldat, qui renouvellera volontairement un troisième engagement, recevra, à son choix, deux cents quarante livres comptant, ou deux sous de haute-paye par jour pendant la durée de son troisième engagement, & portera deux chevrons de laine bleue sur le bras.

Récompense pour les Soldats qui auront contracté un troisième engagement.

A v

25.

LES bas Officiers ou Soldats qui, ayant renouvelé un troifième engagement, auront fervi vingt-quatre ans dans le Régiment, ou ci-devant dans les Troupes de la Colonie, pourront fe retirer chez eux avec la folde entière de leur grade actuel, pourvu qu'ils aient fervi huît ans, fans quoi ils ne jouiront que de la folde du grade qu'ils avoient auparavant.

Les bas Officiers & Soldats, qui, après vingt-quatre ans de fervice, voudront le continuer dans le Régiment, recevront une haute-paye de quatre fous par jour tant qu'ils refteront au Régiment; & tous les ans, à la revue d'infpection, ces Soldats vétérans feront les maîtres de fe retirer chez eux avec leur folde entière, comme il eft expliqué ci-deffus, ou feront placés dans la compagnie des Invalides de l'Ifle de France, s'ils le préfèrent. Ces Soldats, ayant acquis la vétérance, en porteront la marque diftinctive comme les autres vétérans de l'Infanterie Françoife. Le Commandant général en adreffera, après fa revue d'infpection, un état nominatif au Secrétaire d'État ayant le département de la Marine, afin qu'il adreffe au Régiment les brevets & plaques de ces vétérans.

26.

LE Commandant général adreffera tous les ans, après fa revue d'infpection, au Secrétaire d'État ayant le département de la Marine, un état des demi-foldes & fodes entières qu'il aura été dans le cas d'accorder, avec une note des fervices de ces Soldats, de leur grade, de leurs différens engagemens, de leurs noms & furnoms & des lieux où ceux qui les auront obtenues, fe retirent en France, afin qu'il foit pourvu au payement defdites demi-foldes ou foldes entières. Ceux defdits Soldats qui refteront dans les Ifles, feront payés par les ordres de l'Intendant defdites Ifles. Les bas Officiers & Soldats à qui la folde ou demi-folde aura été accordée, & qui fe retireront en France, fe préfenteront en débarquant au Commiffaire de la Marine, de réfidence dans le port de leur débarquement, lui préfenteront leur cartouche & certificat de fervice, fur lefquels fera fait mention de la folde accordée. Ledit Commiffaire mettra fon vu fur la cartouche, l'enregiftrera, & donnera avis au Secrétaire d'État ayant le département de la Marine, de l'arrivée dudit Soldat, du lieu où il fe retire & de l'argent qu'il lui aura fait fournir, ce qui doit être proportionné à la folde qui lui eft accordée, fuivant le nombre de jours néceffaires pour fe rendre au lieu de fa retraite.

<h3 align="center">27.</h3>

LE Commandant général, chaque année, à fa revue d'infpection, conftatera le nombre des Soldats qui doivent jouir des hautes-payes accordées par les articles 23 , 24 & 25 de la préfente Ordonnance, & ce qui aura été débourfé par le Régiment, pour les rengagemens. Il arrê-tera le montant de ces deux objets; il en donnera main-levée au Major du Régiment, au bas de l'état nominatif defdits Soldats; & le Major fera rembourfé par le Tréforier de la Colonie, des avances que la caiffe du Régiment aura pu faire à ce fujet. Le Commandant général remettra après fa revue, l'état nominatif de ces hautes-payes, figné de lui & des Commandant & Major du Régiment, au Com-miffaire de la Marine, chargé de la police du Régiment, pour en fuivre le mouvement dans fes revues.

Avances faites par la Caiffe du Régiment, pour le payement des hautes-payes & des rengagemens, rembourfées par une main levée de l'Infpecteur.

<h3 align="center">28.</h3>

SA MAJESTÉ jugeant qu'il eft plus convenable &

plus utile au bien de fon fervice, de n'employer à l'avenir dans ce Régiment que des Noirs pour Tambours, ordonne qu'il fera tiré, des efclaves qui lui appartiennent dans les deux Ifles, foixante-douze hommes, jeunes, d'une taille & figure convenables & les plus propres en tout à apprendre à battre la caiffe & à jouer des inftrumens militaires; lefquels foixante-douze hommes formeront à l'avenir le Corps des Tambours de ce régiment, fous la difcipline du Tambour-major & Aide-tambour-major. Comme il y a deux Tambours par compagnie de Fufiliers, Sa Majefté permet qu'il y ait quatre de ces Tambours par bataillon qui foient Muficiens, & jouent des inftrumens militaires.

Ces Tambours jouiront de l'état de gens libres, & obtiendront leur liberté entière après trente ans de bon fervice, pour leur tenir lieu de récompenfe, & on leur donnera de préférence de la terre dans la Colonie, s'il s'en trouve à concéder. Ceux qui feront bleffés à la guerre ou eftropiés au fervice, auront les Invalides à la fuite de la Compagnie établie à l'Ifle de France, & obtiendront leur liberté. Ceux qui fe conduiront mal & fe rendront indignes du fervice, feront remis aux ateliers des travaux du Roi, avec les autres efclaves.

Ces Tambours feront chambrée & ordinaire enfemble.

29.

LES appointemens des Officiers, & la folde des Soldats du Régiment, feront payés fur le pied qui fuit, à compter du jour de l'enregiftrement de la préfente Ordonnance au contrôle de la Marine, à l'Ifle de France; le tout fans aucune augmentation pour raifon de logement, ou pour tenir lieu de rations, ou à quelqu'autre titre que ce foit.

S A V O I R :

ÉTAT-MAJOR.	APPOINTEMENS ET SOLDE.					
	Par jour.			Par mois.		Par an.
Au Colonel, trente-trois livres six fous huit deniers, ci.........	33^l	6^f	8^d	1000^l	n^f n^d	12000^l
Au Lieutenant-colonel, vingt-deux livres quatre fous cinq deniers un tiers.	22.	4.	5$\frac{1}{3}$	666.	13. 4	8000.
Au Major, feize livres treize fous quatre deniers, ci..........	16.	13.	4	500.	n n	6000.
A chaque Chef de bataillon, onze livres deux fous deux deniers deux tiers, ci.............	11.	2.	2$\frac{2}{3}$	333.	6. 8	4000.
A chaque Aide-major avec commiffion de Capitaine, huit livres fix fous huit deniers, ci......	8.	6.	8	250.	n n	3000.
A chaque Aide-major fans commiffion de Capitaine, cinq livres, ci.	5.	n	n	150.	n n	1800.
A chaque Sous-aide-major, quatre livres huit fous huit deniers un tiers, ci............. ...	4.	8.	8$\frac{2}{3}$	133.	6. 8	1600.
A l'Officier chargé du détail, en fupplément d'appointemens, une livre treize fous quatre deniers, ci.	1.	13.	4	50.	n n	600.
A chaque Porte-drapeau, trois liv. fix fous huit deniers, ci.....	3.	6.	8	100.	n n	1200.
Au Tambour-major, une livre deux fous deux deniers deux tiers, ci.	1.	2.	2$\frac{2}{3}$	33.	6. 8	400.
Au fecond Tambour-major, dix-neuf fous, ci.............	n	19.	n	28.	10. n	342.
COMPAGNIE DE GRENADIERS						
Au Capitaine, dix livres, ci.	10.	n	n	300.	n n	3600.
Au Lieutenant, cinq livres, ci...	5.	n	n	150.	n n	1800.
Au Sous-lieutenant, quatre livres trois fous quatre deniers, ci....	4.	3.	4	125.	n n	1500.
Au Fourrier, une livre, ci......	1.	n	n	30.	n n	360.

	APPOINTEMENS ET SOLDE.						
	Par jour.			Par mois.			Par an.
A chaque Sergent, dix‑huit fous six deniers, ci	//ˡ	18ˢ	6ᵈ	27ˡ	15ˢ	//	333ˡ
A chaque Caporal, treize fous, ci.	//	13.	//	19.	10.	//	234.
A chaque Appointé, onze fous six deniers, ci	//	11.	6	17.	5.	//	207.
A chaque Grenadier, dix fous, ci.	//	10.	//	15.	//	//	180.
Au Tambour‑Noir, trois fous, ci...	//	3.	//	4.	10.	//	54.
COMPAGNIE DE CHASSEURS.							
Au Capitaine, neuf livres huit fous dix deniers deux tiers, ci	9.	8.	$10\frac{2}{3}$	283.	6.	8	3400.
Au Lieutenant, quatre livres quinze fous fix deniers deux tiers, ci...	4.	15.	$6\frac{2}{3}$	143.	6.	8	1720.
Au Sous‑lieutenant, quatre livres un fou un denier un tiers, ci ..	4.	1.	$1\frac{1}{3}$	121.	13.	4	1460.
Au Fourrier, dix‑neuf fous fix deniers, ci	//	19.	6	29.	5.	//	351.
A chaque Sergent, dix‑huit fous, ci.	//	18.	//	27.	//	//	324.
A chaque Caporal, douze fous fix deniers, ci	//	12.	6	18.	15.	//	225.
A chaque Appointé, onze fous, ci.	//	11.	//	16.	10.	//	198.
A chaque Chaffeur, neuf fous fix deniers, ci	//	9.	6	14.	5.	//	171.
Au Tambour‑Noir, trois fous, ci...	//	3.	//	4.	10.	//	54.
COMPAGNIES DE FUSILIERS.							
Au Capitaine, huit livres fix fous huit deniers, ci............	8.	6.	8	250.	//	//	3000.
Au Lieutenant, quatre livres huit fous dix deniers deux tiers, ci...	4.	8.	$10\frac{2}{3}$	133.	6.	8	1600.
Au Sous‑lieutenant, trois livres dix‑fept fous cinq deniers un tiers. ci......................	3.	17.	$5\frac{1}{3}$	116.	13.	4	1400.
Au Fourrier, dix‑huit fous fix den. ci......................	//	18.	6	27.	15.	//	333.
A chaque Sergent, dix‑fept fous, ci.	//	17.	//	25.	10.	//	306.

	APPOINTEMENS ET SOLDE.		
	Par jour.	Par mois.	Par an.
A chaque Caporal, onze fous fix deniers, ci.	″ 11ˢ 6ᵈ	17ˡ 5ˢ ″	207ˡ
A chaque Appointé, dix fous, ci. .	″ 10. ″	15. ″ ″	180.
A chaque Fufilier, huit fous fix den. ci.	″ 8. 6	12. 15. ″	153.
A chaque Tambour-Noir, trois fous, ci.	″ 3. ″	4. 10. ′	54.

30.

LES Officiers, tant de l'État-major que des compagnies, jouiront de leurs appointemens en entier, à la feule déduction des quatre deniers pour livre attribués aux Invalides de la Marine. Les Capitaines fupporteront en outre, la retenue des quatre deniers pour livre, fur la folde des bas Officiers & Soldats de leur Compagnie.

31.

VEUT & entend Sa Majefté, que fur la folde réglée à chaque Fourrier, Sergent, Caporal, Appointé, Grenadier, Chaffeur, Fufilier & Tambour, il en foit affecté feize deniers par jour par chaque Fourrier & Sergent; & huit deniers par chaque Caporal, Appointé, Grenadier, Fufilier & Tambour, pour s'entretenir de linge & chauffure.

Le décompte de la retenue pour linge & chauffure, fera fait tous les quatre mois, afin que chacun puiffe connoître fa fituation; & pour cet effet, le chef de chaque chambrée fera tenu d'y afficher le décompte de chacun.

Après ce décompte fait, on confervera à la Maffe de l'entretien du linge & chauffure, la fomme de quinze livres pour chaque homme, laquelle formera le premier article de recette du décompte, & le furplus lui fera payé fur le champ. Lefdites quinze livres feront confervées à la caiffe, & ne feront données à chacun d'eux, fauf le cas d'un befoin imprévu, que lorfqu'après avoir obtenu leur congé abfolu, ils quitteront le Régiment.

32.

Entretien des Compagnies, menues réparations, Maffe de cinq livres par homme à ce attribuée.

A l'égard des réparations journalières de l'habillement, équipement, armement, entretien de caiffes de Tambours du Régiment, Sa Majefté fera former fur le pied du complet, une Maffe de cinq livres pour chaque homme par an, en tout temps, laquelle fera remife tous les mois à la caiffe du Régiment, avec la folde, pour être employée auxdites réparations; & fera tenu le Major d'en rendre compte, ainfi qu'il fera ci-après ordonné.

33.

Fonds deftinés pour les appointemens & folde.

LES appointemens & la folde du Régiment, feront pris fur les fonds à ce deftinés, ainfi que toute la dépenfe relative à la levée & au remplacement des hommes.

34.

Revue des Commiffaires de la Marine, tous les mois.

LES revues & montres feront faites tous les mois par un Commiffaire de la Marine ou un autre principal Officier d'adminiftration, dans la forme prefcrite par les Ordonnances pour les Troupes de Sa Majefté.

35.

Appointemens & Solde payés tous les mois.

LES appointemens des Officiers & la folde des Soldats, feront payés tous les mois au Major, d'après la revue du Commiffaire, ainfi que le montant de la Maffe des menues réparations de l'habillement, équipement & armement, dont le Major donnera fon reçu provifionnel; il donnera à la fin de chaque année une quittance du tout, & cette quittance fera feule affujettie au contrôle.

36.

LE Major rendra tous les ans en préfence du Colonel, du Lieutenant-colonel, des Chefs de bataillon qui fe trouveront au régiment, devant le Commandant général & l'Intendant de la Colonie, ou ceux qui les repréfenteront, un compte général des fommes qu'il aura reçues, & des dépenfes qui auront été faites pour le régiment; & ledit compte fera clos & arrêté par eux à la fin de chaque année.

Compte du Major arrêté tous les ans par le Commandant général & l'Intendant.

Il fera fait trois expéditions dudit compte & de l'arrêté qui fera mis au bas, dont une fera remife au Major pour fa décharge, la feconde au contrôle de la Marine, & la troifième fera envoyée au Secrétaire d'État ayant le département de la Marine & des Colonies.

37.

POUR parvenir à la nouvelle compofition prefcrite par la préfente Ordonnance, le Commandant général, chargé de fon exécution, fera mettre les trois Régimens fous les armes, fera une revue exacte defdits Régimens, par laquelle il conftatera le nombre d'Officiers & Soldats dont lefdits Régimens feront compofés: Le Commiffaire de la Marine fera auffi la fienne, pour fervir au payement defdits Régimens, jufques & compris le jour de la nouvelle compofition exclufivement. Le Commandant général entrera, à fa revue, dans le détail le plus exact des dettes defdits Régimens, pour y pourvoir ainfi qu'il appartiendra; il fera dreffer un contrôle de tous les Officiers, contenant leurs noms, furnoms, les dates & les lieux de leur naiffance, le détail exact de leurs fervices, l'époque de leurs différens grades, leurs bleffures, enfin tous les détails qui pourront faire connoître leurs fervices, leurs mœurs & leurs talens.

Moyens de parvenir à la nouvelle compofition.

Revue d'infpection & de juftiftance.

38.

CES opérations faites, le Commandant général pro-

Incorporation
des trois
Régimens ,
& formation
du Régiment ;
contrôle
des Compagnies.

cédera, de concert avec le nouveau Colonel, à la formation des Compagnies de Grenadiers, Chasseurs & Fusiliers qui devront composer le Régiment dans lequel il incorporera les trois Régimens, l'intention du Roi étant qu'aucun bas Officier, Grenadier, Soldat ou Tambour ne soit réformé, & il suivra l'instruction particulière de Sa Majesté, qui lui est adressée à cet effet ; il fera ensuite reconnoître, dans chaque grade, les Officiers que Sa Majesté a jugé à propos de conserver : Il fera dresser les contrôles, par Compagnie, des hommes qui les composeront, contenant leurs nom, surnom & signalement, le lieu & la date de leur naissance, leur grade, l'époque de leur engagement ; & il adressera du tout des doubles au Secrétaire d'État ayant le département de la Marine.

39.

Mélange
& rang
des Compagnies.

CES opérations finies, l'intention de Sa Majesté est que les Compagnies se mêlent dans les différens Bataillons ; de manière que celle du premier Capitaine de Fusiliers soit au premier Bataillon, celle du second Capitaine au second, celle du troisième Capitaine au troisième Bataillon, celle du quatrième Capitaine au quatrième, celle du cinquième Capitaine au premier Bataillon, ainsi de suite, & qu'elles suivent entr'elles le rang des Capitaines qui les exploiteront.

40.

Pension
de réforme
des Officiers.

Les Colonels, Lieutenans-colonels, Majors, Capitaines de Grenadiers, Capitaine de Fusiliers, Lieutenans en premier, Lieutenans en second, Quartier-maîtres, Porte-drapeaux, qui ne se trouveront pas compris dans la nouvelle composition, seront réformés, & Sa Majesté accorde une pension de réforme sur les fonds des Colonies.

SAVOIR;

Aux Colonels réformés, quinze cents livres, ci 1500ᴸ

Aux Lieutenans‑colonels, douze cents livres, ci . . . . 1200^l

Aux Majors, huit cents livres, ci . . . . 800.

Aux Capitaines de Grenadiers, six cents livres, ci . . . 600.

Aux Capitaines de Fusiliers, qui auront vingt ans &
plus de services, cinq cents livres, ci . . . . 500.

Aux Capitaines de Fusiliers, qui auront quinze ans &
plus de services, quatre cents livres, ci . . . . 400.

Aux Capitaines qui auront moins de quinze ans de
services, trois cents livres, ci . . . . 300.

A l'égard des autres Officiers qui feront réformés, Sa Majesté entend qu'ils se retirent chez eux; se réservant de leur faire connoître ses intentions pour leur remplacement, lorsqu'on lui aura rendu compte de leurs services & de leurs talens.

Sa Majesté accorde à tous les Officiers réformés, qui se trouveront dans les Isles, trois mois d'appointemens à compter du jour de leur réforme, & néanmoins ceux à qui il est accordé des pensions de réforme, commenceront à en jouir également du jour de leur réforme. Le Commandant général & l'Intendant pourvoiront le plus promptement possible à l'embarquement de ceux qui voudront repasser en France. A l'égard de ceux qui voudront rester dans la Colonie, le Commandant général les emploiera de préférence dans les Milices pour y continuer leurs services.

Trois mois d'appointemens accordés aux Officiers réformés.

41.

L'INTENTION de Sa Majesté est que les Fourriers excédans à la nouvelle composition, deviennent Sergens; les Sergens excédans deviennent Caporaux, les Caporaux excédans deviennent Appointés, les Appointés excédans deviennent premiers Fusiliers suivant l'ancienneté que ces bas Officiers ont dans leur grade; ils feront répartis également dans les compagnies, & quand il vaquera des places

Rang & distinction des Fourriers, Sergens, Caporaux & Appointés, excédans à la nouvelle composition.

de bas Officiers fur tout le Régiment, ils y feront rappelés fuivant leur ancienneté, de préférence à tous autres.

A l'égard des bas Officiers des compagnies de Grenadiers & des Grenadiers excédans à la nouvelle compofition, ils formeront la tête des quatre nouvelles compagnies de Chaffeurs.

Tambours incorporés comme Fufiliers dans les Compagnies. Sa Majefté ayant réglé par la préfente Ordonnance, que le corps des Tambours feroit compofé de Noirs, les Tambours actuels feront répartis dans les compagnies du Régiment, comme Fufiliers.

42.

Uniforme du Régiment. L'UNIFORME du Régiment, fera compofé d'un habit de drap léger, petit Lodève blanc, doublé de toile leffivée, au quart blanc; le parement fermé en deffous par trois petits boutons; un à l'épaulette, fix de même à chaque côté des revers, trois gros au-deffous, & trois à chaque poche, qui fera coupée en travers. Vefte de coutil bis-blanc, doublée de toile leffivée fans poche ou avec pattes marquées, garnie de dix boutons fur le devant, & d'un à chaque manche. Culotte de coutil bis-blanc avec caleçon de toile féparé.

Boutons blancs timbrés d'une ancre.

Chapeau bordé de blanc; paremens, collet & revers de drap bleu-de-roi.

Les diftinctions réglées pour les Fourriers & Sergens, feront en galon d'argent large de douze lignes, ainfi qu'il eft obfervé dans les autres corps de l'Infanterie.

Les diftinctions pour les Caporaux & les Appointés, feront en galon de fil blanc, large de dix lignes, dans la forme & la pofition qui font réglées pour l'Infanterie.

Les Grenadiers auront pour diftinction, deux épaulettes de drap de la couleur de leurs paremens.

Les Chaſſeurs auront pour diſtinction deux épaulettes de drap rouge.

43.

L E S juſtaucorps, veſtes & culottes uniformes des Officiers dudit Régiment, feront exactement conformes à ceux des Soldats, tant pour la couleur que pour la coupe des poches, paremens, collet & revers, & la poſition des boutons; ils ne différeront que par les qualités des draps & des toiles pour doublures, qui feront de qualités plus fines, & par les boutons qui feront argentés. Ils feront diſtingués pour leurs grades, par des épaulettes plus ou moins riches qu'ils porteront.

Uniforme des Officiers du Régiment.

S A V O I R;

Le Colonel, une épaulette de chaque côté en argent, ornée de franges riches à nœuds à la cordelière; & s'il eſt Brigadier, il y fera ajouté les autres diſtinctions attachées à ce grade.

Le Lieutenant-colonel, une feule épaulette de même forme à gauche.

Le Major, une épaulette de chaque côté en argent, ornée de franges feulement, fans graines d'épinards ou nœuds à la cordelière.

Les Chefs de Bataillon, une épaulette en argent, avec une frange fimple en or.

Le Capitaine, & l'Aide-major qui aura la commiſſion de Capitaine, une épaulette en argent, ornée de franges feulement comme celles du Major.

Le Lieutenant ne pourra porter d'épaulette pleine en argent, elle fera loſangée de carreaux couleur du parement; la frange fera mêlée d'argent & de foie.

Le Sous-lieutenant portera l'épaulette à fond de foie couleur du parement, avec des carreaux d'argent.

Le Porte-drapeau portera l'épaulette à fond de foie couleur du parement, liférée d'argent.

Diſtinction des grades.

44.

Tous les Tambours porteront la petite livrée du Roi, avec les revers, collet & paremens bleu-de-roi, coupe des

Uniforme des Tambours.

poches & position des boutons comme celle des Soldats.

Un bonnet pour coiffure, avec une plume blanche au lieu de cocarde, dont la forme sera prescrite par le Commandant général.

45.

Le Roi se charge de l'habillement, armement & des Recrues.

SA MAJESTÉ continuera de se charger de la levée du Régiment, ainsi que de l'habillement, équipement, armement & des recrues dont il aura besoin.

46.

Quatre mois d'appointemens payés d'avance aux Officiers qui s'embarquent.

LES Officiers qui seront nommés à des emplois dans le Régiment, recevront, au moment de leur embarquement, une avance de quatre mois sur leurs appointemens; & à l'égard des bas Officiers & Soldats, la subsistance devant leur être fournie à bord des Vaisseaux, ils ne jouiront pendant la traversée, que de la demi-solde, dont il leur sera fait une avance de deux mois, & le décompte du surplus leur sera fait à leur arrivée dans la Colonie.

47.

Subsistance des Officiers, bas Officiers & Soldats à la mer.

SA MAJESTÉ pourvoira, sans retenue d'appointement ni de solde, à la subsistance des Officiers, bas Officiers & Soldats pendant la traversée.

48.

Le Roi chargé de compléter le Régiment par des Recrues.

SE réserve Sa Majesté de pourvoir au complet du Régiment, par des recrues dont Elle continuera de se charger.

49.

Défense aux Officiers de donner aucun congé absolu.

AU moyen de ce que Sa Majesté se charge de pourvoir à la dépense de la levée des hommes & des frais de recrues, Elle défend aux Officiers de donner aucun congé absolu, hors les cas expliqués dans la présente Ordonnance.

50.

Permission accordée par le

LE Commandant général, pourra donner à un bas

Officier ou Soldat la permiffion de fe marier, quand il le jugera convenable au bien du fervice & à l'avantage de la Colonie; & le congé ablolu fera accordé à tout bas Officier ou Soldat qui aura deux enfans vivans, nés dans la Colonie en légitime mariage, depuis fon engagement.

Commandant général aux Soldats de fe marier.

§ I.

LA ration pour les bas Officiers & Soldats, fera compofée de vingt onces de farine ou de vingt-quatre onces de pain frais, & de huit onces de bœuf frais ou falé.

Ration des bas Officiers, Soldats & Tambours.

La ration des Tambours-Noirs, fera compofée de deux livres de maïs, de quatre onces de ris ou de pois du Cap, & de quatre onces de lard ou viande falée.

§ 2.

IL fera retenu tous les mois à chaque bas Officier ou Soldat, trois fous huit deniers pour chaque ration qui lui aura été fournie; & dans le cas où on manqueroit dans la Colonie, des comeftibles indiqués ci-deffus, il y fera fuppléé par les denrées du pays, qui feront payées fur le prix réglé par le Commandant en chef, & par l'Intendant ou par ceux qui les repréfenteront.

Retenue faite aux bas Officiers & Soldats pour la ration.

Il ne fera fait aucune retenue aux Tambours-Noirs pour la ration qui leur fera fournie.

§ 3.

SA MAJESTÉ défend expreffément au Colonel & aux Officiers dudit Regiment, de laiffer travailler aucun Soldat hors de leur garnifon, fous quelque prétexte que ce foit; ils ne doivent être employés qu'aux travaux du Roi, pour lefquels ils feront payés, fuivant le prix fixé par le Commandant général & Intendant, & par l'Ingénieur. Tout Soldat qui aura la permiffion de travailler de fon metier, dans le lieu de fa garnifon, fera tenu de coucher aux cafernes.

Défenfe de laiffer travailler les Soldats hors de la garnifon.

54.

L'ancienneté de commiffion, à grade égal, aura le commandement.

SA MAJESTÉ ordonne qu'aux Ifles de France & de Bourbon, le fervice fe faffe à grade égal, par ancienneté de commiffions, lettres ou brevets, afin d'éviter les difficultés qui pourroient furvenir entre les Officiers de différens Corps ou Régimens qui fe trouveroient dans lefdites Ifles.

MANDE Sa Majefté à Monf. le Duc de Penthièvre, Amiral de France, au Commandant général & au Commiffaire général ordonnateur, faifant fonction d'Intendant aux Ifles de France & de Bourbon, & à tous autres qu'il appartiendra, de tenir la main à l'exécution de la préfente Ordonnance.

FAIT à Verfailles le vingt-un janvier mil fept cent foixante-quinze. *Signé* LOUIS. *Et plus bas*, DE SARTINE.

LE DUC DE PENTHIÈVRE,
Amiral de France.

VU l'Ordonnance du Roi ci-deffus & des autres parts, à nous adreffée : MANDONS à tous ceux fur qui notre pouvoir s'étend, de l'exécuter & faire exécuter fuivant fa forme & teneur. FAIT à Paris le vingt-fix juillet mil fept cent foixante-quinze. *Signé* L. J. M. DE BOURBON. *Et plus bas,* Par fon Alteffe Séréniffime. *Signé* DE GRANDBOURG.

A PARIS, DE L'IMPRIMERIE ROYALE. 1775.

CETTE Pièce eſt pour
ſuppléer à celle envoyée
précédemment, où il y a
une erreur dans la date
du Titre.

9 782329 356051